# Wie Betty das Wut-Gewitter bändigt

Dieses Buch gehört:

________________________________________



Umschlag- und Innenillustrationen: Anne Wöstheinrich
Buchgestaltung und Satz: Thomas Schwendemann, Wien
Gedruckt und gebunden durch FINIDR, Tschechische Republik.

ISBN 978-3-9504121-2-3

*Stefanie Kirschbaum*

# Wie Betty das Wut-Gewitter bändigt

Mit Illustrationen von

*Anne Wöstheinrich*

festland VERLAG

www.festland-verlag.com

# Inhalt

1. Kapitel

# Betty mag kein Indianergeheul

Betty Kugler ist acht Jahre alt. Eigentlich heißt sie Bettina. Aber so mag sie nicht genannt werden. Ganz und gar nicht. Wenn jemand sie doch so nennt, hält sie sich die Ohren zu oder tut so, als hätte sie nichts gehört.

Mit ihren Eltern, ihrem jüngeren Bruder Max und dem Hund Tommy wohnt sie in einem Vorort, am Rande einer großen Stadt in Norddeutschland. Dort geht sie in die dritte Klasse der Grundschule. Genau genommen geht sie in die Klasse 3b. Betty hat zwei Freundinnen in ihrer Klasse. Sie heißen Daniela und Maren. Die Mädchen kennen sich schon aus dem Kindergarten und spielen in den Schulpausen und an den Nachmittagen zusammen.

Betty darf bereits allein zur Schule gehen und sie findet ihren Schulweg besonders schön. Er führt vorbei an einer Pferdeweide, auf der Momo grast, das dunkelbraune Pony ihrer Nachbarn. Betty bleibt jeden Morgen stehen und ruft nach Momo. Momo spitzt die

Ohren und kommt leise wiehernd angelaufen. Es weiß, dass Betty eine Brotdose mit Apfelstückchen dabei hat. Betty teilt gerne mit Momo. Sie liebt es, das Pony zu füttern und zu streicheln.

Anschließend führt Bettys Schulweg an einer Häuserreihe mit prächtigen Vorgärten vorbei. Rudi, der Hund der Familie Berger, begrüßt sie schwanzwedelnd hinter dem Gartenzaun. Jeden Morgen findet Betty ein freundliches Wort für ihn: „Na, Rudi, hast du schon gefrühstückt?", oder: „Rudi, heute ist ein schöner Tag, bestimmt gehst du gleich Gassi!"

Danach bleibt Betty an dem Gartentor mit einem üppigen Rosenstrauch stehen und steckt ihre Nase in eine der Rosen. Sie duften so herrlich, dass Betty ihre Augen schließt und fast vergisst, dass sie auf ihrem Schulweg ist und nicht zu spät kommen darf. Meist legt sie den Rest ihres Schulweges laufend zurück und trifft andere Schulkinder, die aus allen Richtungen zur Schule strömen.

Die Klassenlehrerin der 3b ist Frau Schuster. Meistens ist sie nett zu den Kindern. Aber wenn die Kinder die Klassenregeln nicht einhalten, kann sie sehr streng sein. Betty mag es nicht, wenn Frau Schuster laut schimpft. Am liebsten möchte sie sich dann die Ohren zuhalten. Betty mag es nämlich nicht, wenn es irgendwo

laut zugeht. Leider geht es in der Schule immer wieder laut zu: kurz bevor die Pausen beginnen, auf dem Schulhof während der Pausen oder nachmittags bei der Hausaufgabenbetreuung. Betty kann nicht nachdenken, wenn es laut ist. Vor allem kann sie dann nicht rechnen.

Als Betty in der ersten Klasse war, hat sie laut „Seid endlich ruhig!" in das Klassenzimmer gerufen. Aber Frau Schuster hat mit Betty geschimpft: „Betty, du möchtest keinen Lärm, aber schreist selbst am lautesten! Das geht nicht!" Dann war Betty ganz besonders still. Aber auf die Zahlen konnte sie sich trotzdem nicht konzentrieren.

Das war im vorletzten Jahr. Jetzt ist sie Drittklässlerin und weiß, wie es in der Schule läuft. Wenn es ihr zu viel wird, stellt sich Betty vor, dass sie den lauten Kindern ein Pflaster auf den Mund klebt.

Das ist natürlich nur eine Idee, die Betty von ihrer Oma Trude bekommen hat. In Wirklichkeit macht sie das nicht.

Betty liebt die Mittwoche und die Freitage. Denn an diesen Tagen geht sie nach der Schule direkt nach Hause. Dann ist die Mama schon zu Hause und hat das Mittagessen gekocht. Anschließend machen die Hausaufgaben richtig Spaß! Die Mama rührt einen Kakao für Betty an und setzt sich zu ihr an den Küchentisch. Während Betty ihre Hausaufgaben macht, ist die Mama ganz still, trinkt ihren Kaffee und liest die Tageszeitung. Tommy, der Hund, legt sich lautlos zu ihren Füßen. Jetzt kann sich Betty gut auf das Rechnen und Schreiben konzentrieren. Es geht beinahe von selbst.

Um 15 Uhr holt die Mama den Max ab. Er ist vier Jahre alt und liebt es, im Kindergarten mit den anderen Kindern zu toben. Auch zu Hause tobt er gerne. Manchmal steckt sich Max eine Taubenfeder in sein Haar und rennt mit Indianergeheul und einer Lasso-Leine durch die Wohnung. Mit dem Lasso versucht er, Betty oder Tommy zu fangen und an den Marterpfahl zu fesseln. Der Marterpfahl ist in diesem Fall das Gerüst der Gartenschaukel.

Betty spielt oft mit Max und lässt sich dabei quer durch die Wohnung und den Garten jagen. Wenn beide außer Atem sind, sagt sie: „Jetzt kannst du mich an den Marterpfahl fesseln, Indianer Max. Aber ohne Indianergeheul, sonst renne ich weg!“ Max sagt dann: „Und dann fange ich dich wieder mit meinem Lasso! Und heule so laut wie ich will!“ Aber das will Betty nicht zulassen: „Machst du nicht, Max. Denn dann höre ich auf zu spielen! Echte Indianer heulen auch gar nicht. Echt wahr. Die schleichen sich leise an!“, sagt sie.

Max ist enttäuscht. Mit Geheul macht das Indianerspielen viel mehr Spaß. Aber er weiß, dass Betty es nicht mag, wenn es laut ist. Mama hat ihm erklärt: „Betty ist eben empfindlich. Sie mag es nicht so laut wie du! Darauf musst du Rücksicht nehmen.“ Max versteht nicht so recht, was ‚empfindlich‘ bedeutet. Und er findet es komisch, dass Betty manchmal selbst lauthals trällert oder in schrillen Tönen quiekt und fiept. Sie schreit ihn sogar öfters an. Das ist dann auch sehr laut. Selbst Tommy verzieht sich dann in sein Körbchen.

2. Kapitel

# Wie Betty ihr eigenes Zimmer bekommt

Betty teilt sich ein Zimmer mit Max. Bettys Kinderzimmerhälfte sieht aus wie das Gemach einer Prinzessin. Sie hat ein rosa Prinzessinnenbett mit hübsch gestreiften Vorhängen. Die Zimmerhälfte von Max ist eine Feuerwehrstation. Sein rotes Hochbett hat eine Feuerwehrstange, an der er schnell herunterrutschen kann, wenn es brennt.

Zwischen Betty und Max gibt es oft Streit. Vor allem, wenn Feuerwehrmann Max mit lautem „Tatütata!" durch die Wohnung rennt, während Betty an ihren Hausaufgaben sitzt oder in Ruhe lesen möchte.

An einem Nachmittag passiert das Folgende. Betty beklagt sich: „Mama, der Max spielt viel zu laut! Ich kann mich nicht konzentrieren!" Die Mama antwortet seufzend: „Betty, wir können dem Max das Spielen nicht verbieten! Ich sage ihm, dass er ruhiger spielt, und du versuchst, dich zu konzentrieren, ja?" Sie geht zu Max und sagt: „Betty braucht eine halbe Stunde für ihre Hausaufgaben. Bitte spiele in dieser Zeit etwas Ruhiges, ja? Wie wäre es mit Lego?“ „Nö!“, protestiert Max, „allein Lego spielen macht keinen Spaß ...“. Er ist immer noch im Feuerwehreinsatz. Ein bisschen leiser als zuvor tutet und plappert er unaufhörlich. Für Betty ist das immer noch zu laut. Sie holt tief Luft. Mit einem Ruck steht sie auf, stampft wütend auf den Boden, schnappt sich ihre Schulsachen und rennt aus der Küche. Aus dem Wohnzimmer holt sie den Kopfhörer. „Dann mache ich die Hausaufgaben eben im Badezimmer!“, ruft sie laut und knallt die Tür hinter sich zu. Betty steigt in die Badewanne, setzt sich den Kopfhörer auf und schaut in ihr Schulheft. Allmählich gelingt es ihr, sich auf die Zahlen zu konzentrieren. Leider währt ihre Ruhe nicht lange. Max klopft an die Tür,

weil er ganz dringend Pipi machen muss. Betty krabbelt widerwillig aus der Badewanne und schließt ihm auf. Max zeigt mit dem Finger auf sie und lacht: „Hihi, Mama komm mal! Die Betty hat den Kopfhörer von Papa auf! Das sieht doof aus!"

Mama kommt dazu und schaut verdutzt: „Betty! Übertreibst du es nicht ein bisschen? So laut spielt Max doch gar nicht!" Nun ist Betty erst recht wütend. Es ist, als ob in ihr dunkle Wut-Gewitterwolken aufziehen. Wortlos rennt sie aus dem Badezimmer und verkriecht sich in ihr Prinzessinnen-Bett.

Zehn Minuten lang ist es ruhig, dann taucht Max mit seinem Feuerwehrauto auf. Es hat Blaulicht und eine echte Sirene. Darauf ist Max besonders stolz. Mit dem blinkenden und laut tutenden Auto fährt er durch das gesamte Kinderzimmer und auch durch Bettys Kinderzimmerhälfte. Betty schnauzt ihn an: „Geh raus aus meiner Zimmerhälfte und schalte endlich diese blöde Sirene aus!" Max macht genau das Gegenteil. Er übertönt die Sirene mit einem zusätzlichen „Tatütata!" In Kreisen fährt er an dem Prinzessinnen-Bett vorbei. Wieder ist es, als würde sich ein Wut-Gewitter in Betty zusammenbrauen. Sie wird ganz rot im Gesicht und schreit: „Hau ab, sonst mache ich dein Feuerwehrauto kaputt!" Max hört nicht auf und zieht weitere Kreise. Da kracht das Wut-Gewitter los: Betty springt aus dem Bett und tritt mit voller Wucht nach Max und dem Auto. Oh Backe! Die Rettungsleiter des Feuerwehrautos bricht ab. Betty hat Max fest gegen sein Schienbein getreten und sich dabei ihren großen Zeh angeknackst. Für einige Minuten geht es bei der Familie Kugler nun richtig laut zu: Max und Betty heulen vor Schmerz, die Mama schimpft und Tommy zieht sich winselnd in sein Körbchen zurück. Das Feuerwehrauto blinkt und tutet laut: „Tatütata!" Als erstes bringt die Mama Kühlkissen für die Verletzungen, dann macht sie das Blaulicht und die Sirene des Feuerwehrautos aus. Anschließend fahren sie zur Notfallambulanz des Krankenhauses. Dort bekommt Betty eine Schiene für ihren angeknacksten Zeh. Die Ärztin sagt: „Du darfst deinen Zeh zwei

Wochen lang nicht bewegen. Aber du wirst schnell lernen, wie du mit der Schiene humpeln kannst!"

Als sie nach Hause kommen und erzählen, was passiert ist, schimpft der Papa mit Betty. „Was ist in dich gefahren, Betty? Wie kannst du nur so fest zutreten und deinen Bruder verletzen? Und dann auch noch dich selbst ... Du musst dich besser im Griff haben! Reiß dich zusammen!" Betty weint. So ungerecht findet sie das alles.

Später am Abend sitzt sie auf dem Sofa und legt den Fuß mit der Schiene hoch, so wie es die Frau Doktor empfohlen hat. Die Mama sitzt neben ihr und liest ihr eine Geschichte vor. Das gefällt Betty sehr gut, und sie kann den schlimmen Streit mit Max vergessen.

Im Kinderzimmer reparieren der Papa und Max das Feuerwehrauto. Und Tommy liegt entspannt in seinem Körbchen und ruht sich aus.

Der nächste Tag ist ein Samstag. Beim Frühstück sagt der Papa: „Die Mama und ich haben uns etwas überlegt. Betty, du bist ein Schulkind und brauchst ein eigenes Zimmer. Du bekommst das Zimmer, das bisher unser Arbeitszimmer ist. Dann kannst du die Tür zumachen, wenn du in Ruhe spielen oder Hausaufgaben machen möchtest. Wir werden die Wohnung an diesem Wochenende umräumen!" Der Papa erklärt, was sie sich überlegt haben. Betty lächelt und nickt. Max findet Mamas und Papas Idee seltsam, denn er will keine Ruhe haben, sondern jemanden zum Spielen und zum Toben. Dann denkt er nach und findet die Idee mit Bettys eigenem Zimmer gut, als ihm einfällt, dass er noch mehr Platz für das Spielen mit seinem Feuerwehrauto bekommt.

Nach dem Frühstück fährt die ganze Familie in den Baumarkt und kauft Farben, Pinsel und Malerkreppband ein. Zu Hause verrücken sie die Möbel. Der Schreibtisch von Mama und Papa kommt ins Wohnzimmer, das Bücherregal in den Flur. Danach wird das Zimmer mit hellblauer Farbe gestrichen. Das ist Bettys Lieblingsfarbe. Nun sieht das Zimmer gemütlich aus. Und am Sonntagabend geht Betty das erste Mal in ihrem eigenen Zimmer ins Bett.

Am nächsten Morgen erzählt Betty ihren Freundinnen stolz von ihrem neuen Zimmer und lädt sie zum Spielen zu sich ein. An den folgenden Tagen macht Betty ihre Zimmertür zu, wenn sie es ruhig haben möchte. Sie genießt die Ruhe. Oder sie hört sich eine Geschichte an und malt ein Bild. Ihre Schulaufgaben macht sie nicht mehr in der Badewanne, sondern am Schreibtisch. Auch Max hat verstanden, dass er nicht in Bettys Zimmer gehen darf, wenn sie die Tür geschlossen hat.

Die Mama und der Papa freuen sich darüber, dass sich Betty und Max nicht mehr so häufig streiten. Sie sagen: „Schön, dass ihr so friedlich miteinander spielt!" Sie finden es gut, dass Betty ihren Bruder sogar zum Spielen in ihr Zimmer einlädt. Wenn sie keine Lust mehr zu spielen hat, sagt sie es. Max schimpft dann zwar manchmal, aber verlässt ihr Zimmer und sucht sich einen neuen Spielpartner. Zum Beispiel Mama, Papa oder Tommy.

3. Kapitel

# Der Tag, an dem alles verkehrt läuft

An einem Schultag trödelt Betty morgens beim Anziehen. Dass Betty trödelt, behauptet jedenfalls die Mama. In Wirklichkeit kann sich Betty nicht entscheiden, welche Hose sie anziehen möchte. Die eine Hose ist ihr zu warm, die andere Hose drückt am Bauch und die dritte Hose passt nicht zu der Farbe ihres Lieblings-T-Shirts. Die Mama drängt, dass Betty sich beeilen soll. Aber Betty kann sich noch nicht entscheiden. Deshalb bekommt sie schlechte Laune.

Schließlich entscheidet sich Betty für die rote Hose. Inzwischen ist es leider spät geworden. Sie kann nur ein paar Happen von ihrem Frühstücksbrot abbeißen. Dann macht sie sich schnell auf den Weg zur Schule.

Auch der Schultag beginnt heute nicht gut. Frau Schuster erklärt, dass die Kinder neue Tischnachbarn bekommen. Statt Maren soll Finja neben Betty sitzen. Das gefällt Betty nicht. Sie findet, dass Finja eine Angeberin ist. Finja gibt damit an, dass sie ein teures Handy hat und dass ihre Anziehsachen aus dem besten Laden der Stadt kommen. Außerdem macht Finja keine Hausaufgaben, sondern schreibt sie bei anderen Kindern ab. Betty rückt ihren Stuhl zur Seite, um nicht so dicht neben Finja zu sitzen.

In der Frühstückspause packt Betty ihr Butterbrot aus. Es ist mit einer neuen Käsesorte belegt. Dieser Käse schmeckt Betty nicht. „Bääääh!", ruft sie empört. Nur ein paar Apfelstückchen kann sie essen und hat immer noch Hunger. Betty findet es schlimm, wenn sie Hunger bekommt, und schimpft: „Heute läuft alles verkehrt!"

Danach läuft noch mehr verkehrt. Die Klasse schreibt bei Frau Schuster eine unangekündigte Mathematikarbeit. Betty versucht,

sich zu konzentrieren. Aber das ist schwer, weil sie Hunger hat. Finja beugt sich zu ihr herüber und schielt auf die Zahl, die Betty in ihr Heft geschrieben hat. Leise tuschelt sie: „Bist du dir sicher, dass die Zahl stimmt?" Frau Schuster schaut finster in ihre Richtung. „Was ist da los, Betty und Finja?", fragt sie streng. Bevor Betty antworten kann, sagt Finja schnell: „Betty hat bei mir abgeschrieben und ich habe ihr gesagt, dass sie die Aufgaben gefälligst allein lösen soll!" Frau Schuster schaut Betty an. Entsetzt starrt Betty Finja an. Sie wird ganz blass. „Das stimmt nicht!", widerspricht Betty wütend. „Finja hat bei mir abgeschrieben!" Sie will Finja gerade boxen, als Frau Schuster Betty am Arm packt und sie zum Lehrerpult zieht. „Betty, was ist los mit dir?", schimpft Frau Schuster. „Erst schreibst du ab, dann erzählst du Lügen, und schließlich versuchst du auch noch, Finja zu boxen?" Betty schaut Frau Schuster fassungslos an und will erklären: „Aber, Frau Schuster, das war ganz anders ...", da unterbricht Frau Schuster sie streng: „Stopp! Kein Wort mehr von dir! Sonst bekommst du einen Eintrag in das Klassenbuch!" Betty wird schwindelig. In ihrem Bauch tobt ein Wut-Gewitter. Am liebsten möchte sie schreien oder hinausrennen. Aber das traut sie sich nicht. Reglos steht sie da und bekommt kein Wort mehr heraus. Glücklicherweise klingelt es und die Schulstunde ist vorbei.

In der kurzen Pause bekommt Betty von Maren den Rest ihres Butterbrotes geschenkt. Mit dem Brot im Bauch geht es Betty

schon ein bisschen besser. Ihr ist nicht mehr schwindelig. Das Wut-Gewitter hat sich etwas beruhigt. Aber in ihrem Bauch fühlt sie immer noch ein unangenehmes Ziehen. Flüsternd erzählt sie Maren, was während der Mathematikarbeit passiert ist. Maren ist entrüstet: „Finja ist echt gemein! Eine Lügnerin ist sie! Und eine Angeberin noch dazu! Der zeigen wir es!" Betty schafft ein kleines Lächeln. Sie freut sich, dass Maren zu ihr hält.

Anschließend hat die Klasse 3b eine Stunde Sport. Dann ist die Schule zu Ende und die Kinder gehen zur Nachmittagsbetreuung. Betty beeilt sich, in den Essensraum zu kommen. Sie schaut in die Schüsseln auf dem Tisch. „Auch das noch!", stöhnt sie. Es gibt Kartoffeln mit Königsberger Klopsen. Nur drei kleine Kartoffeln und die Quarkspeise als Nachtisch, mehr isst Betty nicht. Satt wird sie davon nicht. Bedrückt macht sie sich an ihre Hausaufgaben. Heute fallen ihr sogar die Deutsch-Hausaufgaben schwer. Sie muss immerzu daran denken, wie gemein Finja zu ihr war. Sie möchte nie mehr neben Finja sitzen.

Betty überlegt hin und her, wie sie es schaffen kann, dass Finja versetzt wird. Kann sie eine ansteckende Krankheit vortäuschen, so dass sich Finja sofort wegsetzen lässt? Oder soll sie mit Hundekacke unter dem Schuh zur Schule kommen? Auch das würde Finja verjagen. Allerdings würde sich dann auch kein anderes Kind neben sie setzen. Betty kommt zu keiner Lösung.

Später gehen Maren, Betty und Daniela zum Spielen zu Maren. Betty hat immer noch so ein Ziehen im Bauch. Ihre Knie fühlen sich an wie Wackelpudding. Und die Lust auf das Spielen ist wie weggeblasen. Marens Mama schenkt den Mädchen eine Apfelschorle ein. Leider gibt es heute keine Schokokekse. Marens Mama sagt gehetzt: „Mädels, ich muss eine Arbeit zu Ende bringen und setzte mich ins Arbeitszimmer. Ihr spielt, wozu ihr Lust habt, in Ordnung?" Sie lässt die Mädchen in der Küche stehen. „Was wollt ihr spielen?", fragt Maren. „Lasst uns spielen, dass wir Mädchen in einem Reitstall sind. Eine von uns ist das Pony!", schlägt Betty vor. „Oh, nein", sagt Daniela, „das ist mir zu langweilig! Wir spielen Modenschau! Kommt, wir gucken mal, was wir in den Kleiderschränken finden. Ich bin das Model, und ihr sucht coole Anziehsachen aus und schminkt mich!" Maren sagt zögernd: „Ok!" Betty ist überrascht. Sie weiß genau, dass Maren lieber Reitstall spielt und nur Daniela zuliebe zugestimmt hat. Betty ärgert das. Energisch sagt

sie: „Nur, wenn wir hinterher noch Reitstall spielen!" Daniela zuckt mit den Schultern und sagt: „Schauen wir mal! Von mir aus. Wenn ihr so etwas Langweiliges spielen wollt ..."

Im Schrank finden sie bunte, karierte und gestreifte Anziehsachen. Sie kombinieren Mützen, Schals und Sonnenbrillen und schminken Daniela. „Uii, das ist gewagt und schick!", findet Daniela. Sie gefällt sich. Der rote Teppich im Flur ist der Laufsteg. Daniela läuft mit Powackeln über den Laufsteg, dreht sich elegant umher und bleibt immer wieder stehen, um bewundert zu werden. „Los, ihr müsst klatschen und ‚Bravo!' rufen! So läuft das bei einer Modenschau!", ruft sie ungeduldig. Maren und Betty klatschen lautstark. Marens Mama steckt ihren Kopf aus der Tür und lächelt.

Dann merkt Betty, dass ihre Beine wackeln. Auf die Modenschau hat sie keine Lust mehr. „Jetzt spielen wir Reitstall! Ich bin das Pony, und ihr kommt und füttert und striegelt mich!", ruft sie laut. Maren sagt sofort: „Au ja!" Aber dann schaut sie unsicher zu Daniela. Diese sagt zischend: „Ihr seid Spielverderberinnen! Dazu habe ich überhaupt keine Lust! Wir spielen weiter Modenschau. Wir sind jetzt in Paris!"

Betty merkt, wie sich ein Wut-Gewitter in ihr zusammenbraut. Sie schreit Daniela an: „Du hast es uns versprochen! Versprechen darf man nicht brechen! Das ist gemein!" Sie schubst Daniela. Daniela schubst Betty zurück und schreit: „Habe ich nicht! Ich habe

gesagt, dass es mir zu langweilig ist, mit euch Pony zu spielen, so wie die Babys!" Dann macht es „WUMM!" Das Wut-Gewitter legt richtig los. Betty schubst Daniela so fest, dass diese gegen die Kommode donnert. „Du bist eine gemeine Lügnerin! Genauso gemein wie Finja!", schreit sie außer sich, rennt die Treppen herunter und stürzt aus dem Haus.

Marens Mama kommt angelaufen, kümmert sich um Daniela und ruft Bettys Mama an. Diese macht sich sofort auf den Weg und nimmt die aufgelöste Betty in den Arm. Laut schluchzend versucht

Betty zu erzählen, was passiert ist. Ganz durcheinander spricht sie und die Mama versteht nicht viel. Als Betty fertig erzählt hat, schaut Mama ihr streng ins Gesicht und sagt: „Betty, du weißt, dass du andere Kinder nicht hauen oder schubsen darfst! Damit machst du dir keine Freunde. Du musst dich besser unter Kontrolle haben!" Da fängt Betty wieder an zu weinen und sagt schluchzend: „Aber wie, Mama? Ich wollte das doch auch gar nicht … Aber dann ist es einfach passiert." Die Mama nickt nachdenklich. „Wir sprechen später noch einmal. Jetzt gehen wir erst einmal nach Hause. Du siehst so aus, als müsstest du dringend etwas essen. Ich habe Milchreis mit Zucker und Zimt gekocht." Betty nickt und sie gehen gemeinsam nach Hause.

Max wartet schon im Flur auf sie. Neugierig fragt er: „Was ist denn mit dir los, Betty? Hast du dir weh getan?" Die Mama antwortet, bevor Betty etwas sagen kann: „Betty braucht erst einmal ein bisschen Ruhe, Max. Komm, du darfst dir einen Film im Wohnzimmer anschauen." Glücklich trottet Max hinter der Mama her. Betty verputzt derweil eine große Portion vom warmen Milchreis. In ihrem Bauch ist es ruhiger geworden. Auch die Beine fühlen sich nicht mehr wackelig an. Tommy kommt zu ihr. Sie setzt sich zu ihm auf den Boden und krault ihn.

Im Flur telefoniert Bettys Mama leise mit Marens Mama. Inzwischen kommt auch der Papa nach Hause. „Du hattest wohl keinen

guten Tag, Betty?“, fragt er. Betty nickt und es kullern ein paar Tränen. „Heute war alles verkehrt!“, weint sie. „Hmm“, sagt der Papa, „Betty, du musst wirklich noch lernen, deine Wut zu beherrschen! Aber nun komm, Betty, wir machen einen kleinen Spaziergang und besuchen Momo. Sie freut sich bestimmt über eine dicke Möhre.“ Sofort steht Betty auf und zieht sich ihre Schuhe an. Auch Tommy wedelt erfreut mit dem Schwanz. Er möchte sie natürlich begleiten.

Momo kommt wiehernd an den Zaun gelaufen. Betty reicht dem Pony eine Möhre auf ihrer flachen Hand. Sie streichelt Momo und lehnt sich an den Hals des Ponys. Dabei schließt sie die Augen und genießt den vertrauten Geruch des Ponys. Momo hält still und knabbert zaghaft an Bettys Jacke. Ob es noch eine Möhre gibt? Aber klar! In der rechten Jackentasche steckt eine zweite Möhre für Momo.

Als Betty mit ihrem Papa nach Hause geht, ist ihr Kummer ein bisschen kleiner geworden. Später, im Bett, hält Mama ihre Hand und sagt: „Betty, morgen machen wir alles ein bisschen anders. Ich wecke dich früher, damit du in Ruhe deine Anziehsachen aussuchen und frühstücken kannst. Außerdem kommt wieder dein Lieblingskäse aufs Pausenbrot, damit du nicht mit Hunger in der Schule sitzt. Und ich habe noch eine kleine Überraschung für dich: Morgen Nachmittag backst du Plätzchen mit Oma Trude. Nur ihr beide, was hältst du davon?" „Juhu!", freut sich Betty. Sie denkt daran, wie sie sich morgen bei ihren Freundinnen entschuldigt und alles wieder gut ist. Bald darauf fallen ihr die Augen zu und sie schläft ein.

# 4. Kapitel

# Oma Trude hat eine Idee

Am nächsten Morgen kann sich Betty schnell für eine Jeans entscheiden und in Ruhe frühstücken. Als es Zeit ist, sich auf den Weg zur Schule zu machen, sagt sie zu ihrer Mama: „Ich möchte nicht zur Schule gehen! Das war so ungerecht gestern … Finja ist eine gemeine Lügnerin! Ich will nie mehr neben ihr sitzen! Aber Frau Schuster …“ Dann fängt sie an zu weinen: „Daniela und Maren – bestimmt wollen sie nicht mehr meine Freundinnen sein. Mama, ich will nicht in die Schule!“ Die Mama nimmt Betty in den Arm und tröstet sie: „Ich verstehe deine Sorgen. Aber ich glaube, dass du dich mit Daniela und Maren wieder versöhnst. Hast du dir überlegt, ob du dich bei Daniela für das Schubsen entschuldigst?“ Betty nickt. „Gut!“, sagt die Mama. „Und Finja wird nicht lange neben dir sitzen. Ihr wechselt doch regelmäßig die Plätze. Wenn Frau Schuster sieht, dass es mit euch beiden nicht gut klappt, wird sie sicher ein anderes Kind neben dich setzen.“ Betty hört auf zu weinen, aber sie schaut ungläubig.

Die Mama zieht ihre Jacke an, und sagt: „Komm, Betty, heute bringe ich dich zur Schule! Tommy kommt auch mit." Tommy freut sich und wedelt mit dem Schwanz. Dann gehen sie los. Wie immer bekommt Momo ein paar Apfelstückchen und Rudi freut sich über den Morgengruß.

Im Schulgebäude geht Daniela an ihr vorbei, ohne zu grüßen. Betty rennt hinter ihr her. „Daniela, es tut mir so leid wegen gestern! Dass ich dich geschubst habe. Entschuldigung. Wirklich, ich mache es nie mehr! Wollen wir wieder Freundinnen sein?" Daniela sagt kein Wort und läuft weiter. Auch Maren begrüßt Betty nur kurz und setzt sich direkt auf ihren Platz. Betty möchte am

liebsten weinen. Sie fühlt sich furchtbar allein und lässt den Kopf hängen. Sie denkt daran, dass sich Finja gleich neben sie setzen wird. Auch das noch! ‚Wenn doch schon Nachmittag wäre und ich mit Oma Trude Plätzchen backen könnte', wünscht sich Betty und setzt sich betrübt auf ihren Platz.

Finja ist noch nicht da. Als der Unterricht anfängt, fehlt sie immer noch. Frau Schuster begrüßt die Kinder und sagt, dass Finja krank ist. Betty atmet erleichtert auf. Zumindest ein Problem hat sie heute weniger.

In der dritten Stunde hat sie Sachunterricht bei Herrn Wilkens. Betty mag Herrn Wilkens, weil er nicht so streng ist und sie bei ihm lustige und interessante Experimente machen. Herr Wilkens ermuntert die Kinder, mit ihm zu diskutieren. Sie hat auch Kunstunterricht bei ihm. Das ist ihr Lieblingsfach. Betty fühlt sich von Herrn Wilkens ernst genommen, wenn sie etwas sagt. Das ist ein schönes Gefühl, findet Betty.

Endlich ist die Schule aus! Oma Trude steht mit ihrem kleinen grasgrünen Auto vor der Schulpforte. „Da bist du ja, Schätzchen! Wie schön!", sagt die Oma und nimmt Betty fest in den Arm. „Wir fahren jetzt zu mir. Und dann machen wir uns munter ans Werk und backen die besten Plätzchen der Welt, nicht wahr?"

Betty nickt begeistert. Sie ist sehr gerne bei ihrer Oma. Sie ist die Mama von Bettys Mama und wohnt in einem anderen Vorort der großen Stadt. Opa Günther ist leider schon vor vier Jahren gestorben und das ist natürlich sehr traurig für Oma Trude und für sie alle. Zum Glück hat Oma Trude den alten Kater Fritzchen. Er ist grau-schwarz getigert und sehr neugierig. In Omas Wohnung findet er immer etwas zum Spielen.

Oma Trude ist mindestens genauso neugierig wie Kater Fritzchen. Sie interessiert sich dafür, wie es Betty in der Schule gefällt und was sie in den letzten Tagen erlebt hat. Heute merkt Oma Trude sofort, dass Betty unglücklich ist. „Setz dich aufs Sofa und erzähl mir alles, mein Schätzchen. Was ist passiert? Du siehst traurig aus.", sagt sie. Kater Fritzchen macht es sich auf Bettys Schoß bequem. Betty streichelt ihn und erzählt Oma Trude vom gestri-

gen Tag, an dem fast alles verkehrt lief. Aufgebracht berichtet sie von Finjas Lüge und dem Tadel, den sie von Frau Schuster bekommen hat. Anschließend erzählt sie von dem Gewitter, das sich in ihr zusammengebraut hat. Und wie sie Daniela angeschrien und geschubst hat. Sie schämt sich dafür.

Oma Trude hört aufmerksam zu, nickt von Zeit zu Zeit und sagt immer wieder „hmm“ oder „ach so“. Dicke Tränen kullern Betty über die Wangen, als sie erzählt, dass Daniela und Maren sie heute nicht beachtet haben. „Potz Blitz!“, sagt Oma Trude, „da ist ja wirklich eine ganze Menge verkehrt gelaufen! Diese Finja ist eine Lügnerin und deine Freundinnen spielen beleidigte Leberwurst ...“ Sie drückt Betty an sich. „Ja, weine ruhig, mein Schätzchen. Und wenn die Tränen getrocknet sind, dann schalten wir unsere Computer im Dachstübchen an und schauen, was sich hier machen lässt!“

Betty kuschelt sich an Oma Trude und nickt. Sie ist immer noch traurig, aber es tut ihr gut, bei ihrer Oma zu sein. Sanft streichelt sie Fritzchens gestreiftes Fell. „So!“ Oma Trude steht so schwungvoll vom Sofa auf, dass Betty beinahe umkippt. Fritzchen springt erschreckt von Bettys Schoß. „Ich glaube, wir brauchen jetzt einen Kakao und den Plätzchenteig“, sagt Oma Trude. „Beim Kneten fällt uns bestimmt allerhand ein!“

Betty kann wieder lächeln. Sie liebt es, wenn ihre Oma für sie einen Kakao kocht. Aus der Küche hört sie das Klappern von

Tassen und das Rascheln der Plätzchentüte. Sie hört, wie ihre Oma murmelt: „Der Finja einen Denkzettel verpassen, aber Daniela und Maren als Freundinnen wieder zurückgewinnen … Hmm, da fällt uns gleich etwas ein!"

Und tatsächlich! Beim Plätzchenbacken kommt Oma Trude eine Idee. „Ich hab's!", ruft sie plötzlich. „Schau mal, dieses Teigmännchen hier. Es hat kurze Beine, nicht wahr? Damit kommt es nicht weit. Und genauso ist das mit den Lügen!" Betty schaut ihre Oma stirnrunzelnd an. Was will sie ihr damit sagen? Oma Trude sagt: „Betty, kennst du das Sprichwort: ‚Lügen haben kurze Beine'?" „Nein, Oma", sagt Betty, „aber wenn Lügen kurze Beine haben, dann können sie nicht schnell laufen …" Oma Trude nickt. „Genau! Mit Lügen kommt man nicht weit! Das schreibst du auf einen Zettel, und gibst ihn der Finja. Dann sagst du: ‚Finja, wusstest du das schon? Ich habe es dir zur Erinnerung aufgeschrieben. Damit

es dir nie wieder passiert!' Finja wird sicherlich sofort wissen, was du ihr mit diesem Denkzettel sagen willst!"

Betty ist begeistert. Die Idee gefällt ihr so gut, dass sie diesen Zettel der Finja gleich morgen geben möchte. Sie hofft, dass Finja gesund ist und zur Schule kommt!

Danach überlegen sie, wie sich Betty mit Daniela und Maren versöhnen kann. Betty entscheidet sich für Entschuldigungskarten für ihre Freundinnen. Während die Plätzchen im Backofen backen, schreibt sie die Karten. ‚Liebe Daniela, es tut mir so leid, dass ich dich angeschrien und geschubst habe! Das werde ich nie mehr tun. Ich verspreche Dir, dass Du nie mehr Ponyhof mit mir spielen brauchst! Verzeihst Du mir? Deine Betty'; oder ‚Liebe Maren, es tut mir leid, dass ich so wütend war. Und was ich getan habe. Das mache ich nie mehr! Willst Du wieder meine Freundin sein? Deine Betty'.

Am Abend hält Betty auf der Heimfahrt zwei Tüten mit besonders schön verzierten Plätzchen auf dem Schoß. Die Plätzchentüten will Betty ihren Freundinnen morgen zusammen mit den Entschuldigungskarten geben.

Während der Fahrt erzählt Oma Trude Geschichten von sich. „Ich habe mich früher genauso wie du aufgeregt, wenn ich etwas ungerecht fand! Ich bin regelrecht explodiert und habe um mich geschlagen! Als ich größer wurde, konnte ich meine Wut besser im Zaum halten. Genau genommen habe ich das beim Reiten gelernt. Ich durfte auf der Rosi reiten, das war das Pferd der Nachbarfamilie. Am Anfang hat Rosi mit mir gemacht, was sie wollte. Sie ist sogar durchgegangen und mit mir über die Felder galoppiert und ich hatte große Mühe, mich oben zu halten. Ich konnte nichts tun, um sie zu stoppen. So war das auch mit meiner Wut: Ich konnte sie nicht im Zaum halten. Hinterher tat mir alles furchtbar leid … Dann habe ich gelernt, Rosi galoppieren zu lassen, aber sie trotzdem lenken und stoppen zu können. Und auf einmal kam ich auch mit meiner Wut besser zurecht!" „Echt?", staunt Betty. „Wirklich!", bestätigt Oma Trude. „Ich habe mir vorgestellt, die Wut wäre Rosi, die losrennen will. Aber ich sitze fest im Sattel und habe die Zügel in der Hand. Und ich bestimme, wann sie galoppieren darf. Das hat geholfen!" Betty schaut ihre Oma bewundernd an. „Hmm", sagt sie überzeugt, „das versuche ich beim nächsten Mal auch!"

5. Kapitel

# Lügen haben kurze Beine

Am nächsten Morgen kann Betty es nicht abwarten, bis sie Daniela und Maren die Entschuldigungskarten und die Plätzchentüten überreichen kann. Schnell ist sie angezogen und sitzt am Frühstückstisch. Ihre Eltern wünschen ihr: „Viel Glück!", dann macht sich Betty auf den Schulweg. Zu Momo sagt sie: „Du musst mir heute die Daumen drücken, dass Daniela und Maren wieder meine Freundinnen sind. Machst du das? Ach so, du hast ja keine Daumen ... Ok, dann machst du das mit deinen Hufen!" Momo schaut so, als wäre es einverstanden, und isst den Rest der Apfelstückchen auf. Rudi wedelt aufmunternd mit seinem Schwanz. Betty ist aufgeregt.

Daniela und Maren sind früh gekommen, und ziehen ihre Jacken aus. Betty gibt ihnen die Karten und die Plätzchentüten und sagt: „Es tut mir so leid!" Die beiden Mädchen lesen die Karten und schauen sich die Plätzchen an. „Die sehen lecker aus!", sagt Maren

und schaut unsicher. Daniela nickt. „Ja, danke! Ich überlege es mir noch mal …“, und läuft in den Klassenraum. Maren sagt leise: „Ich bin nicht mehr sauer auf dich, Betty!“ Dann dreht sie sich um und geht zu ihrem Platz.

Betty ist erleichtert. Sie hofft, dass bald wieder alles gut ist! Dann denkt sie an Finja. Sie merkt, wie ihr Mut sie verlässt. Sie spürt ein Ziehen im Bauch. Den Zettel mit den Lügen und den kurzen Beinen wird sie Finja später geben. ‚In der großen Pause mache ich es‘, sagt sich Betty.

Finja ist heute wieder gesund. Sie sitzt neben Betty und tut so, als wäre nichts passiert. Betty hofft, dass Finja heute nicht abschreiben und tuscheln will. Glücklicherweise ist sie heute still. Das ist auch besser so, denn Frau Schuster beobachtet die beiden Kinder aufmerksam. Als es zur Pause klingelt, traut sich Betty immer noch nicht, Finja das mit den Lügen und den kurzen Beinen zu sagen. Zu sich selbst sagt sie: ‚Erst mal das Butterbrot essen! Dann mache ich es …'. Aber auch nach dem Butterbrot traut sie sich nicht. Betty ist sich nicht mehr sicher, ob es eine gute Idee ist. Sie lässt den Kopf hängen. So kompliziert ist das alles.

Die Klasse 3b hat nach der großen Pause zwei Stunden Kunstunterricht bei Herrn Wilkens. Er kommt mit bester Laune zum Unterricht und verkündet: „Kunst soll vor allen Dingen Spaß machen.

Und es soll das zum Ausdruck bringen, was euch beschäftigt. Die Bilder sprechen für sich. Probiert es aus, heute könnt ihr malen, was euch beschäftigt. Denkt nicht zu viel nach, sondern legt los!"

Die Kinder fangen an zu malen. Auf Bettys Bild entstehen fünf kleine Männchen. Sie schauen grimmig und stehen unbeweglich auf kurzen Beinchen in der Mitte des Bildes.

Finja schaut zu Betty herüber und runzelt die Stirn. „He, dein Bild ist total hässlich!", ruft sie in die Klasse. Und schon versammeln sich andere Kinder rund um ihren Tisch. „Zeig mal, Betty, was du Hässliches gemalt hast!", sagen sie. „Was soll das denn sein?", fragt Tom skeptisch. Und Julius sagt grinsend: „Bestimmt eine Horde Verbrecher!"

Betty fällt keine Antwort ein. Stumm blickt sie auf ihr Bild. Herr Wilkens schickt die Kinder zurück an ihren Platz. „Malt an euren Bildern weiter!“, sagt er. Anschließend betrachtet er Bettys Bild. „Erzähle mir etwas über dein Bild, Betty!“ Leise erklärt Betty: „Das sind fünf Lügen. Sie haben kurze Beine. Weil man mit Lügen nicht schnell laufen kann. Lügen haben kurze Beine. Das sagt meine Oma auch!“

Herr Wilkens nickt. „Ja, Betty, sehr wahr, und das hast du wirklich wunderbar gemalt! Sie sehen so aus, als kommen sie nicht vom Fleck! Prima! Das Thema Wahrheit und Lüge scheint dich zu beschäftigen. Es ist für uns alle ein wichtiges Thema. Und ich schlage vor, wir sprechen gleich mit der ganzen Klasse darüber. Abgemacht?“

Betty ist aufgeregt. Gleich soll sie etwas zu ihrem Bild sagen. Sie erklärt kurz, was auf dem Bild zu sehen ist. Auch in Finjas Richtung schaut sie dabei. Finja guckt finster, aber die meisten Kinder reagieren mit Nicken. Philipp, der Neue, sagt: „Das stimmt, was Betty sagt. Wer Lügen erzählt, kommt nicht weit. Irgendwann kommt es doch raus!“ Die anderen Kinder stimmen zu. Herr Wilkens fragt nach Situationen, in denen es gut ist, die Wahrheit zu sagen. Maren weiß ein Beispiel. Philipp auch. Dann erzählt Jan davon, wie er gelogen hat und seine Eltern schnell herausgefunden haben, dass er nicht ehrlich war. Dann hatte er eine Woche lang Fernsehverbot.

Herr Wilkens schaut auf die Uhr und sagt: „Kinder, ist die Zeit schnell vergangen! Gleich wird es klingeln ... Schön, dass ihr gemalt habt, was euch gerade beschäftigt. Denkt an das, was wir zuletzt besprochen haben. Bleibt bei der Wahrheit! Steht zu dem, was ihr gemacht habt. Lügen haben kurze Beine, aber mit der Wahrheit kommt ihr gut durchs Leben!"

Betty schaut vorsichtig zu Finja herüber. Finja schaut weg. Nun kommt Daniela an ihrem Tisch vorbei und sagt: „Tschüss! Finja, denk dran: Lügen haben kurze Beine!" Finja schnappt nach Luft und verlässt wortlos den Klassenraum.

In Bettys Bauch rumort es kräftig. Auch im Kopf fühlt sie ein Durcheinander. Heute ist so viel passiert. Sie weiß nicht genau, ob sie glücklich oder traurig ist.

Als sie die Schule verlässt, kommt Maren angerannt und sagt: „Das war echt mutig, Betty! Tschüss, bis morgen!"

Am Abend ruft Oma Trude an, und möchte wissen, wie Bettys Tag gelaufen ist. Betty erzählt ihr von allen Geschehnissen. „Toll, Betty!", sagt Oma Trude. „Du bist ein kreatives Mädchen! So wie du das mit dem Bild gemacht hast, war es noch viel besser als mit der Karte." Betty ist glücklich. Die Idee von Oma Trude war gut. Und sie selbst hat die Idee noch ein bisschen besser gemacht! Zum Schlafengehen streichelt sie Tommy besonders ausführlich, drückt ihre Mama und ihren Papa und verspricht dem Max, dass sie am nächsten Tag mit ihm Feuerwehr spielt.

6. Kapitel

# Betty macht einen Klassenausflug

Die Kinder der Klasse 3b freuen sich auf den Klassenausflug in den Freizeitpark. In der nächsten Woche wird morgens ein Bus vor dem Schulgebäude stehen, um die Klasse zu dem Park zu fahren. Vor lauter Vorfreude sind die Kinder unruhig. Frau Schuster sagt dauernd: „Schscht!!!", und hebt ihre Hand mit dem „Ruhe!"-Zeichen.

Nur Betty kann sich nicht richtig freuen. Sie darf im Bus nicht neben ihren Freundinnen Daniela und Maren sitzen. Sie soll neben Philipp sitzen, entschied Frau Schuster. Betty kennt Philipp jedoch kaum. Er ist neu in der Klasse und hat noch keinen richtigen Freund. Er ist anders als die anderen Jungen, findet Betty. Philipp spielt nicht gerne Fußball. Und er ist ziemlich klein. Mit seinen dunklen Locken sieht er aus wie ein Mädchen, sagen die anderen Jungen. Betty tut das leid für Philipp. Betty kann fühlen, was andere Kinder fühlen. Sie fühlt, dass sich Philipp oft allein oder ausgeschlossen fühlt. Und weil sie das fühlt, ist sie selbst ein bisschen traurig.

Nun ist der Tag des Klassenausflugs gekommen. Betty zieht sich an. Ihr ist mulmig zumute. Ob sie sich auf das Kettenkarussell, das Riesenrad oder die Schiffsschaukel traut? An die Geisterbahn mag sie gar nicht erst denken. Obwohl sie weiß, dass in einer Geisterbahn keine echten Geister wohnen, hat Betty Angst davor.

Zum Frühstück isst Betty heute nur ein halbes Brot mit ihrer Lieblingsmarmelade. Als sie sich auf den Weg zur Schule macht, schaut sie gar nicht fröhlich aus. Da ist wieder dieses Ziehen im Bauch.

Der Bus steht bereits vor der Schule. Betty setzt sich neben Philipp und weiß nicht, worüber sie sich mit ihm unterhalten kann. Philipp sagt auch nichts. Alle anderen plappern, lachen oder rufen sich etwas zu. Es fliegen Bonbons und Papierflieger durch den Bus. Frau Schuster macht immer wieder: „Schscht!“ Aber auch sie unterhält sich laut mit den drei mitfahrenden Eltern. Zusätzlich schallt Schlagermusik aus den Lautsprechern.

Betty greift in ihren Rucksack, und packt eine Tüte mit Gummischlangen aus. „Philipp, magst du eine Gummischlange?“ Philipp nickt und greift zu. Beide lutschen an ihren Schlangen. „Welche Schlangen hast du schon mal in echt gesehen?“, fragt Betty.

Philipp erzählt von einer großen grünen Anakonda. „Die war knallgrün! Und die größte Schlange der Welt!" Betty berichtet von der korallenroten Kobra. „Die ist sehr giftig!", sagt sie und schüttelt sich. Sie greift noch einmal in die Tüte und reicht Philipp eine grüne Schlange. „Das ist die grüne Anakonda!" Sie nimmt sich eine rote Schlange. „Und dies hier ist die rote Kobra! Z-z-z-z-z ..." Die rote Kobra nähert sich der grünen Anakonda. Die grüne Anakonda macht ebenfalls „z-z-z-z-z", nur noch ein bisschen lauter. Die Schlangen bauen sich voreinander auf und machen sich ganz groß. Danach gleiten sie aufeinander zu. Und plötzlich winden sie sich umeinander und zischen bedrohlich laut. Finja dreht sich auf dem Vordersitz um und schaut Betty und Philipp an. „Wie die Babys! Z-z-z-z-z ... Wie peinlich!", lacht sie höhnisch. Betty und Philipp schauen betreten. Glücklicherweise hält der Bus in diesem Moment vor dem Freizeitpark an.

Mit großem Getöse steigen die Kinder aus. Betty hat wieder dieses mulmige Gefühl im Bauch. Frau Schuster erklärt den Kindern, in welchen Gruppen sie in den Park gehen und wann sich alle vor dem Ausgang wiedertreffen. Betty, Philipp, Daniela, Maren und sechs weitere Kinder sind in einer Gruppe. Bis auf Betty stürmen alle Kinder direkt auf das Kettenkarussell zu. Nur Betty bleibt zurück. Die Mutter von Ben nimmt Betty an die Hand. Sie folgen gemeinsam den rennenden Kindern.

Betty wird von den anderen Kindern überredet, auf das Karussell zu gehen. „Komm schon, Betty. Stell dich nicht so an! Das macht Spaß!", sagen sie. Zögerlich setzt sich Betty auf einen Sitz des Karussells und lässt sich festschnallen. Die Fahrt beginnt langsam. Sie werden immer höher an den Ketten nach oben gezogen, und schließlich sausen sie durch die Luft. Die Kinder juchzen und jubeln. Aber Betty klammert sich ängstlich an den Griffen fest.

Danach möchte Betty auf kein anderes Karussell mehr. Die anderen Kinder lachen darüber. „Angsthase!“, rufen sie. Auch Daniela und Maren lachen über sie. Betty ist traurig. Bens Mutter versucht zu trösten: „Sei nicht traurig, Betty, hier im Park gibt es bestimmt auch noch etwas, was dir gefällt! Die Tiere vielleicht?“

Nach zwei Stunden haben die Kinder fast alle Karussells ausprobiert. Sie waren sogar auf dem Riesenrad. Betty ist allein unten stehen geblieben und hat ihr Butterbrot gegessen. Sehr allein hat sie sich gefühlt.

Dann kommen sie zu dem Teil des Parks, in dem Tiere zu sehen sind. Betty erblickt ein Hinweisschild zu den Reptilien-Terrarien. Bestimmt gibt es dort Schlangen. Zu Philipp sagt sie: „Komm, Philipp, wir gehen zu den Schlangen. Vielleicht haben sie dort Anakondas und Kobras!" Das lässt sich Philipp nicht zweimal sagen, und gemeinsam rennen die beiden schon einmal vor. Sie staunen über die giftigen und ungiftigen Schlangen und die großen Würgeschlangen. Es gibt Kobras, Boas und Pythons zu bewundern. Philipp freut sich besonders, als er eine grüne Anakonda entdeckt. Sie ist wirklich riesig. „Und schwer!", meint Betty.

Philipp schaut sich plötzlich suchend um: „Wo sind eigentlich die anderen?" Sie sehen niemanden aus ihrer Gruppe. Philipp wird unruhig. „Was machen wir jetzt? Wir sind verloren gegangen!" Betty nickt, aber sie bleibt ganz ruhig: „Hmm, am besten … Wir überlegen, wo wir hingehen müssen. Zum Ausgang. Dann treffen wir die anderen am Bus wieder." Sie schaut auf ihre Uhr. „Oje, wir sollten eigentlich schon am Ausgang sein! Komm, Philipp, schnell!" Philipp hat jetzt auch eine Idee: „Als erstes schauen wir nach dem Riesenrad, das ist so groß, dass man es nicht übersehen kann!"

Betty schaut sich aufmerksam um. Sie sieht diejenigen Karussells, auf denen die anderen Kinder gefahren sind, und erinnert sich an den Weg von Karussell zu Karussell. Flott machen sich Betty und Philipp auf den Weg. Der Weg kommt ihnen sehr lang vor.

Mit einem Ruck bleibt Betty stehen: „Schau mal, da am Wegrand. Etwas Pinkfarbenes, das sieht aus wie das Handy von Finja!“ Sie bückt sich. Tatsächlich! Das Handy sieht genauso aus wie das von Finja. „Und wenn es von jemand anderes ist?“, fragt Betty. Aber Philipp meint: „Steck es ein! Wir fragen Finja und dann wissen wir es!“ Betty nickt und steckt das Handy in ihre Jackentasche. Sie eilen weiter in Richtung Ausgang.

Endlich! Kurz vor dem Ausgang kommen ihnen Frau Schuster und Bens Mutter entgegen. Sie sehen besorgt aus. „Da seid ihr! Gott sei Dank! Wir suchen euch schon seit fast einer halben Stunde!" Frau Schuster schaut jetzt richtig streng. „Ihr wisst hoffentlich noch, was wir vereinbart hatten ... Die Gruppe sollte zusammen bleiben! Ihr habt euch nicht daran gehalten!" Betty und Philipp stehen mit gesenkten Köpfen da. Die Mutter von Ben geht auf die beiden Kinder zu und legt ihnen die Hände auf ihre Schultern. „Wir haben uns wirklich Sorgen gemacht! Gut, dass ihr zurück seid. Und dass ihr den Weg allein gefunden habt! Mir wäre allerdings lieber gewesen, ihr wärt nicht einfach losgelaufen und in diesen Menschenmengen verloren gegangen!"

Am Bus werden Betty und Philipp stürmisch von den anderen Kindern begrüßt. Daniela und Maren drücken Betty besonders fest. Alle sind froh, dass die beiden Mitschüler wieder da sind. Sie werden mit Fragen überhäuft: „Was ist passiert?" „Wieso seid ihr weggerannt?" „Wie habt ihr uns wiedergefunden?" Ein kleines bisschen stolz sind Betty und Philipp schon, als sie von den Schlangen berichten, und wie sie den Weg zum Ausgang gefunden haben.

Betty erblickt Finja und sieht, dass diese traurig und teilnahmslos auf ihrem Platz im Bus sitzt. Sie greift nach dem pinkfarbenen Handy in ihrer Jackentasche und geht zu ihr. „Schau mal, Finja, hast du dein Handy verloren?" Finja blickt überrascht hoch. „Ja, es ist

weg!“ Dann sieht sie das Handy in Bettys Hand. „Das lag auf dem Boden, in der Nähe eines Karussells!“, sagt Betty schnell. Finja freut sich. „Oh, Betty! Vielen Dank! Ich bin so froh!“, jubelt sie und umarmt Betty kurz. Betty fällt nichts ein, was sie jetzt sagen könnte. Aber sie freut sich.

Bei der Rückfahrt herrscht ausgelassene Stimmung im Bus. Alles plappert fröhlich und lautstark. Betty macht dies gar nichts aus. Denn sie tauscht sich mit Philipp angeregt über die Schlangen und ihr Abenteuer im Freizeitpark aus. Philipp sagt: „Ich finde, du bist gar kein Angsthase! Auch wenn du dich nicht auf die Karussells getraut hast!“ Betty lächelt still.

Zu Hause erzählt sie von ihrem Abenteuer im Freizeitpark. Die Mama nimmt Betty in den Arm und sagt: „Ich bin stolz auf dich! Du warst wirklich mutig." Betty streichelt Tommy und dann geht sie freiwillig ins Bett. Zu ihrer Mama sagt sie schläfrig: „Gute Nacht, Mama! Irgendwie war es doch ein richtig schöner Tag heute!"

# 7. Kapitel

# Betty entwirft Mode

Betty hat eine Patentante in Süddeutschland. Tante Inga bringt Betty jedes Mal ein Geschenk mit, wenn sie zu Besuch kommt. Und Max bekommt auch Geschenke von Tante Inga, sonst wäre er ja traurig. Das versteht Betty gut.

Tante Inga arbeitet in der Modebranche und daher ist sie immer sehr schick gekleidet. Sie trägt kurze Röcke, elegante Blusen oder eng anliegende Rollkragenpullis und dazu hohe Schuhe. Die Mama erklärt, dass Tante Inga als Modedesignerin arbeitet. „Tante Inga entwirft eine Modekollektion“, hat sie vor Kurzem gesagt. Tante Inga möchte, dass Betty ebenfalls schicke Anziehsachen hat. Diesmal hat sie ihr einen grünen Rollkragenpullover mitgebracht. Sie sagt: „Betty, schau nur, dieses Grün! Wie toll dir das stehen wird, es passt perfekt zu deinen grünen Augen. Dieser Pullover ist eine Wucht!“ Das findet Betty auch, aber nur, bis sie ihn anprobiert. Sofort verzieht sie das Gesicht. Der Rollkragen kratzt ihr am Hals.

Und nicht nur das, plötzlich juckt es überall. Sie kratzt sich am Hals, am Bauch, am Rücken und an den Armen. Und je mehr sie sich kratzt, umso mehr juckt es sie am gesamten Körper. Es ist nicht zum Aushalten! Betty möchte den Pullover sofort wieder ausziehen. Aber Tante Inga lacht nur und sagt: „Ach, Betty, das Jucken bildest du dir nur ein! Das ist höchstens der erste Moment. Warte ab, gleich juckt es gar nicht mehr. Schau dich im Spiegel an – eine Wucht, sage ich! Die anderen Mädchen werden dich um diesen Pullover beneiden!“

Aber Betty kann es nicht länger aushalten. Sie zieht den Pullover aus. Tante Inga schaut enttäuscht und die Mama sagt vorwurfsvoll:

„Betty, nun bedanke dich bei Tante Inga für den tollen Pullover!" Betty verzieht ihr Gesicht. Sie findet es ungerecht, dass Max von Tante Inga neues Spielzeug geschenkt bekommt und sie nur einen kratzigen Pullover. Jetzt soll sie sich darüber auch noch freuen!

Leise sagt Betty: „Danke, Tante Inga!" und verdrückt sich in ihr Zimmer. Sie hört, wie Tante Inga zu der Mama sagt: „Meine Güte. Betty scheint sehr empfindlich zu sein! Was meinst du?" Betty hört, wie die Mama seufzt und antwortet: „Hmm ... Manchmal muss ich sogar die Etiketten aus den T-Shirts schneiden, weil sie Betty kratzen. Ganz schlimm ist es mit Wollstrumpfhosen, Schals oder Mützen. Alles kratzt und piekt, wenn es nach Betty geht ..."

Betty ist wütend. Sie kann doch nichts dafür, dass der Pullover kratzt! Auch die T-Shirts, Schals, Mützen oder Strumpfhosen – die pieken und kratzen unaufhörlich. Betty kann nicht verstehen, warum ihre Eltern das nicht merken. Und dass Tante Inga freiwillig Rollkragenpullover trägt, kann Betty auch nicht verstehen.

Am nächsten Morgen gibt es einen riesigen Ärger. Die Mama möchte, dass Betty den neuen Rollkragenpullover zur Schule anzieht. Betty weigert sich. „Der Pullover kratzt, Mama!", sagt sie. Die Mama glaubt ihr nicht. „Betty, jetzt übertreibst du aber wirklich! Der Pullover ist aus herrlicher weicher Wolle gestrickt. Zieh ihn an!" Tante Inga redet ebenfalls auf Betty ein: „Der Pulli steht dir doch so gut! Genau deine Farbe! Du willst doch ein schickes

Mädchen sein!“ Aber Betty will kein schickes Mädchen sein, wenn das bedeutet, dass sie einen kratzigen Pullover anziehen soll! Sie weint, steht vom Frühstückstisch auf und geht in ihr Zimmer. Jetzt möchte sie gar nicht mehr zur Schule.

Irgendwann gibt die Mama nach und sagt: „Betty, zieh an, was du möchtest, aber du musst nun zur Schule gehen!“ Die Mama klingt streng. Enttäuscht klingt sie auch. Wortlos zieht sich Betty an, nimmt ihren Schulranzen und verlässt das Haus. Noch nicht einmal der Schulweg macht Spaß. Schweigsam sitzt sie neben Finja.

In der vierten Stunde hat die Klasse 3b Sachunterricht bei Herrn Wilkens. Er spricht mit den Kindern über Erfindungen. „Es ist wichtig, kreativ und mutig zu sein! Dann findet ihr Lösungen für die Dinge, die euch nicht gefallen. Denkt einmal an die Menschen von früher. Sie mussten ihre Anziehsachen mit der Hand waschen. Das war sehr mühsam. Bis jemand so kreativ war und die Waschmaschine erfunden hat. Leider haben viele Menschen diese Erfindung zuerst nicht ernst genommen und hatten viel daran zu kritisieren. Es gehört also Mut dazu, wenn man etwas ändern möchte!" Betty hört gebannt zu. Plötzlich kommt ihr eine Idee, wie sie das Problem mit dem kratzigen Rollkragenpullover lösen kann! Weil sie jetzt einen Plan schmiedet, kann sie nicht mehr zuhören, was Herr Wilkens sonst noch erzählt. Für den Rest des Schultages ist Betty gut gelaunt und spielt in den Pausen ausgelassen mit den anderen Kindern. Den Schulschluss kann sie kaum erwarten.

Endlich kommt sie nach Hause. Die Mama und Tante Inga sitzen am Küchentisch. Über den Pullover sprechen sie nicht mehr. Betty merkt, dass sich Tante Inga und die Mama viel zu erzählen haben. Das ist so bei Schwestern, glaubt Betty. Ihr ist das nur recht. Sie nimmt Mamas Nähkasten und eine Schere mit in ihr Zimmer. Zu Max, der Mama und Tante Inga sagt sie: „Nicht stören! Ich muss mich konzentrieren!", und schließt die Tür hinter sich.

Betty setzt sich an ihren Schreibtisch und betrachtet den Rollkragenpullover. „Lieber ein runder oder ein dreieckiger Ausschnitt? Was ist schicker?", murmelt sie. Sie entscheidet sich für dreieckig.

Dann schneidet sie dem Pullover den Rollkragen ab. Das ist ganz einfach. Danach schneidet sie vorn ein Dreieck aus. Zufrieden betrachtet sie den Pullover. Jetzt fehlt noch etwas, was gegen das Kratzen der Kanten hilft. „Der weiße Seidenschal. Die Mama sagt, weiß passt immer", murmelt Betty. Sie nimmt den Seidenschal, den Mama vor kurzem aussortiert hat. Er fühlt sich sehr weich an. Genauso wie Betty es mag. Nun braucht sie ihn für den Pullover. Sie schneidet drei Streifen ab. Den ersten Streifen faltet sie und legt ihn um die hintere Schnittkante. Aus dem Nähkasten holt sie eine

Nadel mit einer ganz großen Öse und einen dicken Faden. Nun näht sie den weißen Seidenschalstreifen fest. Das Gleiche macht sie mit den beiden Seiten des vorderen Dreieck-Ausschnitts. Auch hier legt sie die Seidenschalstreifen um die Schnittkanten und näht sie fest. „So, jetzt noch die Ärmel!“, sagt sie zu sich selbst. „Eigentlich reichen kurze Ärmel auch aus!“ Mit der Schere schneidet sie beide Ärmel kürzer. Auch hier näht sie Seidenschalstreifen um die Schnittkanten herum. Das ist diesmal ziemlich schwierig, weil die Ärmel rund sind. Nach einer Weile hat sie es jedoch geschafft und ist zufrieden. Dann probiert sie den Pullover an. Er kratzt nicht mehr! Die Kanten fühlen sich jetzt weich an.

Betty geht in die Küche. „Tante Inga!", ruft Betty, „Ich habe mir jetzt auch eine neue Mode ausgedacht! Wie findest du den Pullover? Jetzt kratzt er nicht mehr!" Tante Inga und die Mama starren Betty an. Sie sagen gar nichts und Betty überlegt sich schon, ob sie den Pullover nicht schick finden. Der Max schaut einmal kurz auf und baut dann an seiner Burg weiter. Tante Inga findet als Erste wieder Worte: „Oh, Betty, der schöne Pullover! Was hast du gemacht?" Die Mama sagt noch immer nichts. Begeistert sieht sie auch nicht aus. Inzwischen schaut sich Tante Inga Bettys Pullover etwas genauer an. „Aha, den Rollkragen hast du abgeschnitten und einen V-Ausschnitt gemacht. Und die Ärmel gekürzt. Und dann weiße Seidenränder ... Tja... da hast du dir ja was ausgedacht!", sagt Tante Inga schließlich. „Ach, Betty!", sagt die Mama nur. Aber Tante Inga lächelt und sagt: „Lass sie doch! Das ist kreativ, was Betty gemacht hat! Vielleicht hat sie das von mir ..." Zu Betty sagt sie: „Ja, Betty, du hast dir jetzt auch eine neue Mode ausgedacht! Und du hast einen guten Geschmack! Die weiße Seide passt wunderbar zu der grünen Wolle. Du könntest auch einmal Modedesignerin werden, so wie ich, und deine eigene Modekollektion entwerfen!"

Betty ist sich nicht sicher, ob dies wirklich Tante Ingas ehrliche Meinung ist. Findet sie Bettys Pullover wirklich schick? Unsicher schaut sie in Mamas Richtung. „Jedenfalls weißt du dir zu helfen, mein Schätzchen!", sagt die Mama. „Also, kreativ bist du wirklich!"

Betty nickt und sagt: „Ja, Mama, Herr Wilkens hat gesagt, dass man mutig sein soll, wenn einen etwas stört. Dann kommen gute Ideen!“ Die Mama schmunzelt und sagt: „Da hat dein Lehrer wohl recht! Was meinst du, Inga?“ Tante Inga nickt und lacht. „Ja, für ausgefallene Mode braucht man wirklich Mut! Den hast du, Betty!“

Betty ist unschlüssig: War es eine gute Idee, den Pullover umzugestalten? Sicherheitshalber zieht sie ihn nicht zur Schule an. Sie möchte nicht, dass andere Kinder sie auslachen. Sie legt den Pullover in ihren Kleiderschrank. Dabei kommt ihr eine Idee: Sie wird Oma Trude um Rat fragen.

8. Kapitel

# Betty macht Oma Trude eine Freude

Fast jeden Sonntag fährt die Familie Kugler zum Kaffeetrinken zu Oma Trude. Ein großer, runder Gugelhupf steht auf dem liebevoll gedeckten Tisch. Es sieht richtig einladend aus. Wenn sich alle um den Tisch gesetzt haben, erzählen sie sich die Neuigkeiten der letzten Tage. Betty mag das sehr. Denn Oma Trude ist neugierig und interessiert sich für alles, was sie und Max erzählen. Nach dem Kuchenessen können sie mit Fritzchen spielen, während sich die Erwachsenen unterhalten.

So ist das normalerweise, wenn die Familie Kugler zu Oma Trude fährt. Nur leider ist jetzt alles anders als zuvor. Oma Trude liegt im Krankenhaus. Irgendetwas mit Gallensteinen hat sie. Aber noch mehr als das: Fritzchen ist vor ein paar Tagen gestorben und Betty ist so traurig darüber, dass sie immer wieder weinen muss. Auch Max lässt den Kopf hängen und spielt leiser als sonst.

Betty denkt nach. „Mama, ich glaube, die Oma Trude musste ins Krankenhaus, weil Fritzchen gestorben ist. Jetzt hat sie keinen Mann und keinen Kater mehr. Da ist sie so traurig geworden, dass sie Gallensteine bekommen hat!" Die Mama nickt und sagt: „Ja, das kann sein. Aber sicher gibt es auch noch andere Gründe für ihre Gallensteine."

Betty mag es nicht, wenn sich etwas in ihrem Umfeld verändert. Sie vermisst Opa Günther, obwohl sie nur wenige Erinnerungen an ihn hat. Und jetzt vermisst sie außerdem Fritzchen, mit dem sie so toll spielen konnte. Das Vermissen merkt sie an diesem komischen Gefühl im Bauch. Es ist wie ein Zwicken und Ziehen, was sie dort fühlt. Sie möchte nicht, dass ihre Oma Trude noch kränker wird, weil sie den Opa Günther und das Fritzchen so sehr vermisst.

Betty überlegt, wie sie der Oma eine Freude machen kann. Daher setzt sie sich an ihren Schreibtisch und malt ein Bild. Von Oma, Opa und Fritzchen. Sie findet dicke Pappe und bastelt daraus einen Bilderrahmen, den sie mit bunten Stoffresten beklebt. Farben machen glücklich, sagt Tante Inga immer. Der Stoff bleibt an ihren Fingern kleben, aber schließlich ist der Bilderrahmen fertig. Damit kann sie Oma Trude hoffentlich eine Freude machen.

Mit dem Bild in der Hand läuft sie zur Mama. „Mama, schau mal, dieses Bild habe ich für Oma Trude gemalt! Damit sie nicht mehr so traurig ist und die Gallensteine weggehen!" Die Mama lächelt.

„Schön hast du das gemalt. Darüber wird sich Oma bestimmt sehr freuen! Das ist sehr lieb von dir!“ Und sie nimmt Betty in den Arm und drückt sie.

Am Samstag fährt die ganze Familie Kugler ins Krankenhaus. Betty nimmt den grünen Pullover mit, um ihn der Oma zu zeigen. Und natürlich hat sie auch daran gedacht, den schön verpackten Bilderrahmen einzustecken. Das Krankenhaus ist ein riesiges Gebäude. Als sie hineingehen, bemerkt Betty einen besonderen Geruch. So ähnlich wie das Reinigungsmittel, das die Mama in das Putzwasser tut, nur noch viel stärker als das. Mit dem Aufzug fahren sie in die fünfte Etage. Oma Trude hat das Zimmer 526. Auf der Station gibt es viele Zimmer, findet Betty, und viele Krankenschwestern und Krankenpfleger. ‚Hoffentlich sind die alle nett zu Oma‘, denkt Betty.

Oma Trude freut sich sehr über ihren Besuch. Sie liegt im Bett und sieht ziemlich blass aus, aber lächelt. „Schön, dass Ihr mich besucht. Ich freue mich sehr!“ Betty überreicht das Geschenk.“ „Oma, ich habe dir etwas mitgebracht. Es ist selbst gemacht. Damit du dich freust und schnell wieder gesund wirst!“ Oma Trude sagt: „Danke! Das ist so lieb von dir, Betty! Ich packe es sofort aus. Du weißt ja, ich bin so neugierig!“ Betty lacht. Oma Trude packt das Bild aus, und betrachtet es. „Oh“, sagt sie. „Das sind ja Opa,

Fritzchen und ich! Wie lieb von dir!" Betty sieht, dass Oma Tränen in den Augen hat. „Freust du dich nicht? Gefällt dir das Bild nicht?", fragt sie „Oh, doch!" sagt Oma Trude und drückt Betty noch einmal an sich. „Und wie! Ganz doll freue ich mich!" Betty schaut unsicher und fragt: „Aber warum hast du dann Tränen in den Augen?" Oma Trude blinzelt ein bisschen und wischt die Tränen weg. „Weißt du", sagt sie, „Menschen weinen, wenn sie sehr traurig sind, aber auch, wenn sie sehr glücklich sind. Ich freue mich sehr über dein schönes Bild! Und dass du so eine liebe Enkelin bist!"

Über die Pralinen, die Max ihr stolz überreicht, freut sich Oma Trude auch sehr. Jeder darf sofort eine Praline naschen. Dann erzählt Oma Trude, wie es ihr hier im Krankenhaus gefällt, und welche Untersuchungen mit ihr gemacht werden. Sie beschwert sich außerdem über das Essen, das ihr nicht gut schmeckt. Max gibt ihr den Tipp: „Dann musst du die Pralinen essen, Oma Trude!" Oma Trude und die anderen lachen und Oma Trude sagt: „Das ist eine super Idee, Max! Gut, dass du mir die Pralinen mitgebracht hast!"

Nun will Oma Trude wissen, was die Kinder in den letzten Tagen erlebt haben. Betty erzählt die Geschichte von ihrem kratzigen Rollkragenpullover, und wie sie ihn umgestaltet hat. Der Papa unterbricht Betty und sagt: „Ja, ja, unsere Betty ist ein überempfindliches Kind. Irgendetwas kratzt und piekt immer, nicht wahr,

Betty?" Oma Trude tut so, als hätte sie nicht gehört, was der Papa gesagt hat. Sie schaut sich Bettys Pullover genau an. „Eine tolle Idee von dir, Betty! Ja, tatsächlich, der Rollkragen ist ab und du hast Seidenstoff benutzt, damit die Nähte nicht mehr kratzen! Sehr kreativ!" Betty lächelt. „Betty", redet Oma Trude weiter. „Bevor du den Pulli in die Schule anziehst, werden wir ihn gemeinsam noch verbessern. Die Nähte machen wir noch einmal. Du wirst sehen, es lohnt sich! Warte noch ein bisschen, bis ich aus dem Krankenhaus komme." Betty schaut ihre Oma glücklich an und nickt.

Oma Trude hat noch mehr zu sagen: „Als Kind war ich genauso wie du, Betty. Meine Anziehsachen kratzten immerzu. Ich habe mich ganz fürchterlich gekratzt, bis meine Haut blutig war. Meine Mutter hat viel geschimpft. Schließlich hat sie mir Anziehsachen aus besonders weichen Stoffen genäht. Dann wurde es besser. Und jetzt dürft ihr alle mal fühlen, ich habe nämlich das weichste Nachthemd auf der ganzen Krankenhausstation. Sonst würde ich es hier gar nicht aushalten …" Betty und Max fassen ihr Nachthemd an. „Stimmt!", sagen sie. Oma Trude erklärt weiter: „Wisst ihr, manche Menschen sind eben besonders sensibel und fühlen mehr als andere Menschen. Das ist gut so. Es ist sogar eine ganz besondere Eigenschaft!" Max macht ein schlaues Gesicht, nickt ernsthaft und sagt: „Genau!" Alle lachen. Max versteht nicht, was daran jetzt so lustig war. Aber weil alle anderen lachen, lacht er lauthals mit.

Am Abend kommt der Papa zum Gute-Nacht-Sagen an Bettys Bett. „Ich glaube, ich habe dir Unrecht getan. Entschuldige, Betty!", sagt er. „Zuerst dachte ich, dass du dich wegen dem Jucken und Kratzen anstellst, aber jetzt habe ich verstanden, dass du einfach mehr spürst als viele andere Kinder! Das ist etwas Gutes, wenn man mal von den kratzenden Pullovern absieht … Menschen sind eben unterschiedlich. Und ich habe dich lieb, so wie du bist!" Betty nickt und sagt: „Schon gut, Papa. Ich habe dich auch lieb, so wie du bist!"

9. Kapitel

# Betty malt lachende Tränen

Im Kunstunterricht bekommen die Kinder der Klasse 3b von Herrn Wilkens die Aufgabe, etwas zu malen, was sie am letzten Wochenende erlebt haben. Sofort legen sie los und malen Bilder, auf denen man sehen kann, was bei ihnen am Wochenende los war: Manche Kinder malen ein Schwimmbad. Oder wie sie auf einem Fahrrad fahren. Oder sie malen eine Geburtstagsfeier. Oder einen Fußballplatz.

Finja malt ein Modegeschäft, in dem sie einkaufen war. Betty malt Tränen. Manche Tränen haben ein lachendes Gesicht, andere Tränen schauen ganz traurig. Finja schielt auf Bettys Bild und fragt lachend: „Was malst du denn da Komisches?" Sofort stehen einige Kinder auf und kommen an ihren Tisch. Sie lachen ebenfalls. Das Lachen klingt wie Auslachen. Betty kann in diesem Moment gar nichts sagen. Sie merkt, wie ihr Kopf heiß wird. Im Bauch fühlt sie einen unangenehmen Druck. Ein neues Wut-Gewitter braut sich in

Betty zusammen. Sie denkt an ein galoppierendes Pferd und wie sie es halten kann, damit es nicht durchgeht. Aber sie weiß nicht, wie sie es schaffen kann.

„Finja, Tom, Dennis und Marie! Ihr geht jetzt vor den Klassenraum und lacht euch draußen aus. Und ihr kommt erst dann wieder herein, wenn ich euch rufe!", hört Betty Herrn Wilkens rufen. Er mag es gar nicht, wenn Kinder ausgelacht werden. Deswegen schickt er die Kinder, die über Bettys Bild gelacht haben, nach draußen.

Nun steht er neben Betty. „Erzähl mal, was ist auf deinem Bild zu sehen?", fragt er freundlich. Betty merkt, dass sie ruhiger wird. Ihr Kopf kühlt ab, und der Druck im Bauch wird weniger. Dann erklärt sie Herrn Wilkens, dass es auf dem Bild lachende Tränen gibt. Diese Tränen lachen vor Freude. Und sie erklärt, dass es auch traurige Tränen gibt, zum Beispiel weil jemand gestorben ist. Sie erzählt von Oma Trude und wie sehr sie sich über ihr Geschenk gefreut hat, so sehr, dass sie vor Freude weinen musste. Manchmal weint ihre Oma aber auch, weil ihr Mann und Fritzchen gestorben sind. Herr Wilkens nickt. „Und das hast du mit deinem Bild ausgedrückt, sehr gut! Ja, es gibt glückliche und traurige Tränen!"

Dann ruft er die Kinder wieder herein und sagt zu allen: „So, nun schauen wir uns an, was ihr gemalt habt, zuallererst Bettys Bild. Eben haben einige von euch gelacht. Doch schaut mal genau: Betty hat nicht nur gemalt, was sie erlebt hat, sondern auch, was sie gefühlt hat. Betty, erzähle uns von dem Besuch bei deiner Oma!"

Betty berichtet von den glücklichen und den traurigen Tränen. Viele Kinder nicken und verstehen Bettys Bild nun. Philipp sagt: „Das kenne ich auch! An Weihnachten hat meine Mutter geweint, weil sie sich sehr über ihr Geschenk gefreut hat!" Herr Wilkens fragt weiter: „Stellt euch vor, ihr malt die Gefühle, die ihr am letzten Wochenende gespürt habt. Was könnte ich dann auf euren Bildern sehen?"

Jetzt meldet sich Daniela und erzählt davon, dass sie wütend auf die Preisrichter des Turnwettbewerbes war. Sie hat weniger Punkte bekommen als ein anderes Mädchen, obwohl ihr vieles besser gelungen ist. Danach erzählt Maren von ihrer Angst, dass sich ihre Eltern trennen. Sie hat mitbekommen, dass sich ihre Eltern sehr gestritten haben. Nun erzählen viele andere Kinder von ihren Gefühlen. Finja berichtet davon, dass sie traurig war, weil ihre Mutter wegen der schlechten Mathematikarbeit mit ihr geschimpft hat.

Dann klingelt es. Herr Wilkens beendet den Unterricht und sagt: „Wir haben heute gelernt, dass man beim Malen zeigen kann, was man erlebt hat und was man gefühlt hat. Kunst ist wie eine Sprache. Nur dass man keine Worte benutzt, sondern Farben und Formen! So, jetzt machen wir Feierabend für heute!"

Die Kinder packen ihre Sachen zusammen und verlassen das Klassenzimmer. Philipp kommt auf Betty zu und sagt: „Du malst auch gerne, stimmt's?" Betty nickt. Philipp tritt von einem Bein auf das andere und wird ein bisschen rot im Gesicht. ‚Irgendetwas möchte er noch sagen', glaubt Betty. „Wollen wir uns mal zum Spielen verabreden?", fragt er schließlich schüchtern. Betty freut sich und sagt: „Au ja! Wann denn? Willst du zu mir kommen?" Sie verabreden sich für den Donnerstag.

Betty sieht, dass Finja zu ihnen herüberschaut. ‚Bestimmt will sie wieder etwas Gemeines sagen', vermutet Betty. Finja sagt im Vorbeigehen: „Entschuldigung, Betty, dass ich über dein Bild gelacht habe!" Betty guckt verdutzt. Aber sie freut sich auch ein bisschen.

Vor dem Klassenraum stehen Daniela und Maren. Als sie Betty sehen, fragt Daniela freundlich: „Möchtest du heute auch zu mir kommen? Wir wollen Schmuck basteln. Meine Mama hat Perlen gekauft." Betty wird rot im Gesicht. Vor Freude, dass sie wieder mit ihren Freundinnen spielen darf. „Ich frage meine Mama, aber es klappt bestimmt!", sagt sie freudig. Und dann macht sie sich schnell

auf den Weg nach Hause. Denn heute ist Mittwoch und sie weiß schon, dass die Mama einen leckeren Nudelauflauf macht. Und sie will ihr unbedingt sofort von den beiden Verabredungen erzählen.

Die Mama freut sich sehr, als sie von den Verabredungen erfährt. Die Freude kann Betty an dem Lächeln und den strahlenden Augen von Mama erkennen.

Der Nachmittag bei Daniela wird sehr schön. Sie stellen mehrere Halsketten und Armbänder her und spielen anschließend, dass sie reiche Damen sind, die sich edlen Schmuck kaufen. Es ist wie früher. ‚Es ist alles wieder gut', denkt Betty.

Zum Abschied drücken sich die Mädchen fest und winken einander fröhlich hinterher. Betty hüpft auf dem Nachhauseweg ausgelassen neben ihrem Papa her. Zu Hause zeigt sie ihre selbst gemachten Halsketten und Armbänder. Max schaut sie sich nur flüchtig an und sagt: „Na ja …". Aber Mama bewundert sie.

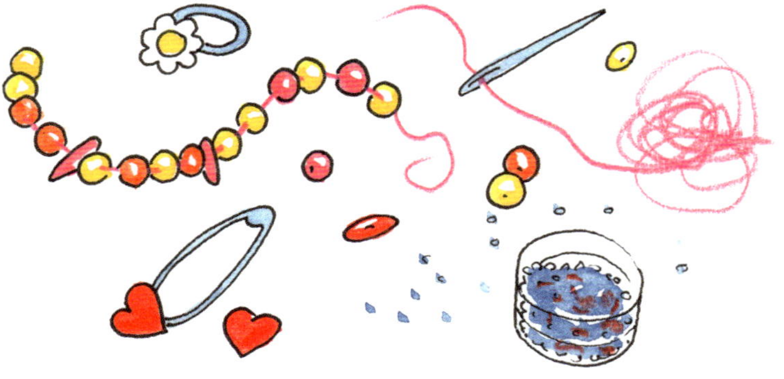

Betty erfährt von ihrer Mama, dass Oma Trude in drei Tagen wieder aus dem Krankenhaus entlassen wird. Sie macht einen Luftsprung vor Freude. Dann geht sie in ihr Zimmer, um zu malen. Auf dem Bild sind lauter fröhliche Tränen zu sehen, die gemeinsam auf dem Trampolin springen.

Vor dem Einschlafen drückt Betty ihr Kuscheltier fest an sich und murmelt: „Hallo, Purzel, freust du dich auch? Heute ist alles gut gelaufen! Gute Nacht!"

# 10. Kapitel

# Ein neuer Freund

Heute ist Donnerstag. Es ist der Tag, für den sich Betty und Philipp zum Spielen verabredet haben. Betty freut sich auf Philipp. Sie denkt viel darüber nach, was sie mit ihm spielen wird. Schließlich ist er ein Junge, und ihm gefallen vielleicht andere Spiele als ihren Freundinnen.

Auch der Max freut sich auf den Philipp. Er weiß nämlich von Betty, dass Philipps Papa bei der Freiwilligen Feuerwehr arbeitet. Er hofft, dass Philipp mit ihm Feuerwehr spielt, obwohl Betty behauptet hat: „Philipp ist mein Freund, und deshalb spielt er nur mit mir und nicht mit dir!"

Es klingelt. Philipp steht mit seiner Mama vor der Tür. Betty und Max rennen wie der Blitz zur Tür, um Philipp zu begrüßen. Es vergeht keine Minute, und schon hat Max den Philipp an die Hand genommen, um ihm sein Feuerwehrzimmer zu zeigen. Philipp lässt sich geduldig alles zeigen und beantwortet viele Fragen zu den

Feuerwehreinsätzen seines Papas. Max schaut dabei bewundernd zu Philipp auf und hört den Geschichten still und konzentriert zu. Aber Betty steht ungeduldig daneben und möchte, dass Philipp mit ihr spielt. Sie findet es langweilig, dass sich alles um die Feuerwehr dreht. „Komm Philipp, jetzt zeige ich dir mein Zimmer!", drängt sie. Philipp nickt und sagt: „Ja, ich komme gleich! Moment noch!" Die Geschichte von einem gefährlichen Feuerwehreinsatz erzählt Philipp noch zu Ende, dann folgt er Betty in ihr Zimmer. Betty schließt die Tür und zeigt Philipp ihr Zimmer.

Einen kurzen Moment später klopft es, und Max steht vor der Tür. „Philipp, willst du mit meinem Feuerwehrwagen spielen? Wir spielen Großeinsatz, ja?“ Betty wird wütend, und bevor Philipp etwas sagen kann, motzt sie ihren Bruder bereits an: „Geh in dein Zimmer. Philipp spielt jetzt mit mir!“ Sie möchte die Tür schließen, aber Max steht bereits in ihrem Zimmer. Ein kräftiges Wut-Gewitter zieht in Betty auf. Sie bekommt ein rotes Gesicht und fängt an zu zittern. Gleich wird es donnern und blitzen. Dieses Gewitter kann sie nicht kontrollieren, befürchtet sie. „Nicht aufregen, Betty!“, sagt

Philipp da und stellt sich zwischen die beiden. „Erst mal bis zehn zählen, sagt meine Mama immer!“, versucht er Betty zu beruhigen. „Und du, Max, geh mal eben raus. Ich habe eine Idee, aber das erzähle ich dir nur, wenn du raus gehst!“

Betty zählt bis zehn. Dabei erinnert sie sich an Omas Pferd, das beinahe durchgeht und nicht mehr zu bremsen ist. Sie stellt sich vor, dass sie im Sattel von Rosi sitzt, sich nach hinten lehnt und kräftig an den Zügeln zieht. Und tatsächlich, das Pferd läuft langsamer und ruhiger.

Betty schaut verwundert. Das Wut-Gewitter in ihr ist vorbeigezogen. Max steht im Flur und Philipp redet mit ihm. „Heute spiele ich mit Betty. Das ist ja meine Freundin. Aber wenn ich das nächste Mal komme, dann bringe ich dir ein Bild mit, von meinem Papa, wie er ein großes Feuer löscht, ja?" Max ist einverstanden. Er dreht sich um und geht schnurstracks in die Küche. „Mama, du musst mit mir Feuerwehr spielen! Philipp hat keine Zeit, weil er mit Betty spielen muss!", sagt er.

Philipp schließt die Tür von Bettys Zimmer. Dann lachen sie beide. Philipp sagt: „Ich habe auch einen kleinen Bruder. Der ist manchmal ganz schön nervig!" Betty ist erleichtert und freut sich, dass Philipp sie versteht. Und vor allem ist sie stolz, denn das Wut-Gewitter ist diesmal nicht losgebrochen.

Betty und Philipp sind sich schnell einig, was sie spielen wollen: Aus Lego bauen sie ein Terrarium. Und danach stellen sie viele große und kleine, dicke und dünne Schlangen aus Knete her. Es sind so viele Schlangen, dass es nur so wimmelt. Ganz vertieft sind sie in ihr Spiel und schauen überrascht auf, als es an der Tür klopft und Philipps Papa vor der Tür steht. Max steht neben ihm und bewundert den großen, echten Feuerwehrmann. Darüber hat er ganz vergessen, seinen Mund wieder zu schließen.

Philipp möchte noch gar nicht gehen. Und auch Betty fragt: „Jetzt schon? Oh, schade, wir haben gerade so schön gespielt!" Philipps Papa verspricht: „Ihr könnt euch ganz bald wieder verabreden. Betty, möchtest du mal zu uns kommen?" Betty nickt begeistert. Doch Max protestiert: „Nein, der Philipp soll zu uns kommen! Ich will mit ihm Feuerwehr spielen!"

Alle lachen. Und Philipps Papa sagt schmunzelnd: „Hey, du mutiger Feuerwehrmann! Das wird bestimmt auch mal wieder klappen!"

Philipp bedankt sich für den schönen Spielenachmittag. Betty und Max winken ihm lange hinterher. Bald danach gibt es Abendessen. Betty und Max sind immer noch richtig aufgekratzt. Sie rennen durch die Wohnung. Sogar das laute Indianergeheul stört Betty heute nicht. Im Gegenteil, mit lautem „Hey, hey, ich fange dich!" jagt sie ihren Bruder.

Bettys Eltern schauen sich lächelnd an. „Der Besuch von Philipp hat ihr gut getan!", sagt die Mama.

Vor dem Zubettgehen ruft Betty ihre Oma an. Betty legt sofort los: „Oma, es funktioniert! Ich habe meine Wut gebremst! Die Rosi ist nicht mit mir durchgegangen!" Oma Trude versteht schnell und sagt: „Kompliment, Betty! Wie hast du das geschafft?" Betty erzählt von dem Nachmittag. „Ich war so schrecklich wütend auf Max. Ich hätte ihn bestimmt gehauen. Aber dann habe ich bis zehn gezählt und mir vorgestellt, wie ich im Sattel von Rosi sitze. Sie will durchgehen. Aber ich ziehe an den Zügeln. Rosi ist langsamer gelaufen und hat auf mich gehört, Oma!" Oma Trude lobt Betty. „Siehst du, Schätzchen! Nun hast du es raus, Betty! Du weißt jetzt, wie Du das Wutgewitter bändigen kannst."

# Vorlesezeiten pro Kapitel

| | |
|---|---|
| Kapitel 1 | 6 Minuten |
| Kapitel 2 | 8 Minuten |
| Kapitel 3 | 12 Minuten |
| Kapitel 4 | 9 Minuten |
| Kapitel 5 | 7 Minuten |
| Kapitel 6 | 11 Minuten |
| Kapitel 7 | 10 Minuten |
| Kapitel 8 | 9 Minuten |
| Kapitel 9 | 7 Minuten |
| Kapitel 10 | 7 Minuten |

# Über die Autorin

**Stefanie Kirschbaum**, Jahrgang 1967, ist als Diplom-Psychologin in eigener Beratungspraxis tätig. Sie bietet Coaching und Seminare für Erwachsene an. Ihr Herzblut-Thema ist dabei die Förderung von Kreativität und Ideenfindung in Organisationen. Daneben hat sie sich der lösungsorientierten Beratung von Familien, Kindern und Jugendlichen verschrieben.

Geschichten waren schon immer ein wichtiger Teil ihres Lebens. Solange sie sich erinnern kann, hat sie viel gelesen und eigene Geschichten geschrieben. Frau Kirschbaum ist Mutter von zwei Töchtern, und beschäftigt sich seit längerer Zeit auch mit dem Thema Hochsensibilität.

## Buchtipps:

---

**Philipp zähmt den Grübelgeier**
Magdalene Hanke-Basfeld
*mit Illustrationen der Autorin*
114 Seiten, Hardcover mit Lesebändchen
ISBN 978-3-9501765 6-8

Witzig, prägnant und herzerwärmend sind die Geschichten, in denen die erfahrene Autorin und Illustratorin den kindlichen Alltag des hochsensiblen Philipp beleuchtet. Ein ganz besonderes Lesevergnügen (nicht nur) für hochsensible Kinder.

---

**Empfindsam erziehen**
*Tipps für die ersten 10 Lebensjahre*
*des hochsensiblen Kindes*
Julie Leuze
160 Seiten, broschiert
ISBN 978-3-9501765-5-1

---